Quart Verlag Luzern   Anthologie 16

Durrer Linggi

Durrer Linggi
16. Band der Reihe Anthologie

Herausgeber: Heinz Wirz, Luzern
Konzept: Durrer Linggi, Zürich; Heinz Wirz
Fotos: Tom Bisig, Basel (S. 6, 7, 9, 11, 13, 47 zweite von oben);
Durrer Linggi, Zürich (S. 4, 8, 16, 17, 19, 25, 29, 46, 47, 35, 36, 37, 42, 43, 44, 45); Andrea Helbling, Arazebra, Zürich (S. 20, 21, 23); Mischa Scherrer, Zürich (S. 48); Gaston Wicky, Zürich (S. 18)
Grafische Umsetzung: Quart Verlag, Luzern
Lithos: Printeria, Luzern
Druck: Engelberger Druck AG, Stans

Copyright 2010
Quart Verlag Luzern, Heinz Wirz
Alle Rechte vorbehalten
ISBN: 978-3-03761-021-3

Quart Verlag GmbH
Denkmalstrasse 2, CH-6006 Luzern
www.quart.ch

Printed in Switzerland

Anthologie 16 – Notat Heinz Wirz	5
Credit Suisse am Flughafen Zürich	6
Wiederaufbau Gemeinde Gondo	8
Casa Sasso Rotondo, Ronco	14
Umbau Wylandstrasse, Winterthur	18
Umbau und Instandsetzung Schule Auhof, Zürich	20
Maison de la Paix, Genf	24
Neunutzung Hafen St. Johann, Basel	32
Stadttheater Solothurn	38
Alterswohnen Feldstrasse, Zürich	42
Gemeinschaftswohnen *Am Hof*, Köniz	44
Werkverzeichnis	46
Biografien, Bibliografie, Verschiedenes	48

Anthologie 16 – Notat
Heinz Wirz

Während unter den jüngeren Architekten die einen bereits über kontinuierliche Auftragsbestände verfügen, haben andere ebenso viele Projekte entwickelt, aber nur einzelne davon realisiert. Die leidenschaftlicheren unter den Architekten befinden sich dann in einer Art aufgestauter Spannung, die oft zu bemerkenswerten und vielversprechenden Projekten führt. So auch bei Patrik Linggi und Richard Durrer, in deren Werkverzeichnis auch viele Wettbewerbsprojekte zu finden sind. Einige davon stehen nun vor der Realisierung. Ein erstes und vielbeachtetes Werk gelang den zwei Zürcher Architekten mit dem Wiederaufbau der von einem massiven Erdrutsch verschütteten Walliser Berggemeinde Gondo. In ihrem Entwurf erhalten sie in einer nahezu archäologischen Art die noch vorhandenen Bauteile und Ruinen des Stockalperturmes und ergänzen die gewachsene Dorfstruktur mit drei Bauten um einen neuen Platz. Die Bauten erhalten ein starkes Gewicht indem sich die Architekten radikal auf die zeitgenössischen Materialien und Bautechniken abstützen. Der freigeräumte, geneigte Platz schliesslich schafft – ähnlich einem malerischen Ambiente De Chiricos – den Raum für Erinnerungen an die damalige grosse Naturkatastrophe.
Das Konzentrat der architektonischen Suche nach zeitgenössischen Aussagen ist auch in den Wettbewerbsprojekten angelegt. Bei diesen fällt auf, dass die Darstellungen der Projekte sich auf einfache Fassaden- und Strukturmodelle sowie schematische Grundrisse berufen – und nicht, wie so oft, auf perfekte Renderings, die bisweilen die mögliche Realität mit einer Illusion überdecken. Sie geben Einblick in den Schaffensprozess und sie zeigen, dass das in den Aufgaben angelegte Potenzial und seine architektonische Umsetzung tief ausgelotet werden. Die Darstellungen sind wie elliptische Sätze. Sie lassen Selbstverständliches und Unwichtiges aus. Sie betonen die Hauptsache, um das Wesen des Gegenstandes zu treffen. Sie zeugen von architektonischen Experimenten, deren Versuchsanordnungen richtig angelegt sind.

Luzern, im April 2010

Credit Suisse am Flughafen Zürich
2003–2004
mit Jürg Schmid, Zürich

Der Flughafen Zürich ist ein 24-Stunden-Ort und den unterschiedlichsten Anforderungen und Kräften ausgesetzt. Das Projekt für eine Bankfiliale in der Shoppingmall am Flughafen durchlief verschiedene Stadien an unterschiedlichen Mietperimetern. Das ausgeführte Projekt thematisiert diesen ständigen Wandel der Ausgangslage durch eine clusterartige Anhäufung von Boxen für die festgelegten Nutzungen und Bedürfnisse. Der entstehende Raum dazwischen ist ein Versorgungsraum der sich wandelt und verändert und durch die flexible Konzeption die nötige Robustheit erhält. Neue Körper können hinzukommen, bestehende Körper verschwinden oder können verändert werden um neue Bedürfnisse zu erfüllen. Die darin innewohnende Dynamik ist in einer ephemer anmutenden Materialisierung und Farbgebung umgesetzt, welche räumliche Definition als transitorischen Zustand begreift. Die Oberflächen der Körper sind in einem mehrschichtigen Aufbau mit hochglänzenden, metallisierten Autolacken gespritzt und poliert. Sie nehmen die unmittelbare Umgebung durch Reflexionen in sich auf. Das Innere der Boxen ist für die jeweilige Nutzung und entsprechende Raumstimmung spezifisch materialisiert. Die Materialisierung wurde inzwischen stark verändert. Sie wurde an das aktuelle Corporate Design der Credit Suisse angepasst.

Wiederaufbau Gemeinde Gondo
2001–2006
mit Jürg Schmid, Zürich

Das Dorf Gondo wurde im Herbst 2000 von Unwettern zu rund einem Drittel zerstört. Neben der Abgeschiedenheit im engen, wenig besonnten Tal verlangt auch der Schwerverkehr auf der Simplonroute mit täglich bis zu tausend Vierzigtönnern viel von den hier lebenden Menschen. Paradoxerweise ist der Transitverkehr aber gleichzeitig auch die einzige wirtschaftliche Chance für den entlegenen Ort. Die extreme Lage in einer der engsten Schluchten des Alpenraumes ist ein wesentlicher Aspekt für die ortsbauliche Setzung der Neubauten. Die Katastrophe als Chance begreifend, wird der neue Dorfkern um einen Dorfplatz gruppiert. Das ehemalige Strassendorf erhält dadurch einen Ort der Begegnung. Die Baukörper fassen den öffentlichen Raum und treten in Dialog mit dem Bestand und der Topographie. Dadurch profitieren alle Wohnungen von dreiseitiger Orientierung. Der Stockalperturm aus dem 17. Jahrhundert wurde volumetrisch ergänzt und erhält eine neue Orientierung zum Dorfplatz. Die Massivität der bestehenden Bruchsteinmauern wird durch eine raumhaltige Wandschicht ergänzt, die sämtliche Infrastruktur und Technik aufnimmt. Am Übergang vom Stein zum gestockten Beton bleibt das Geschehen zurückhaltend lesbar.

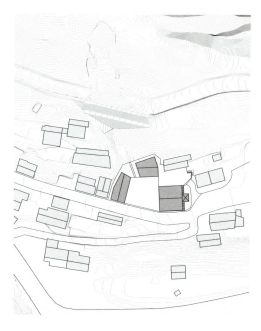

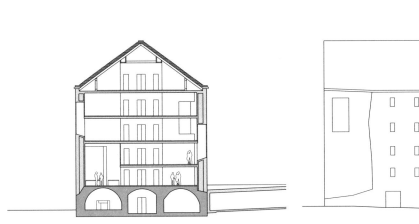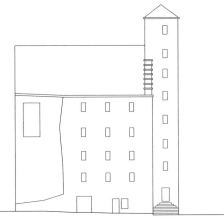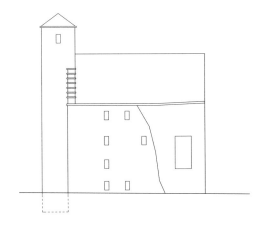

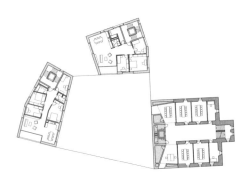
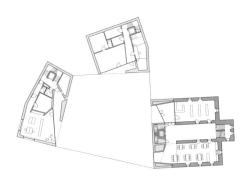
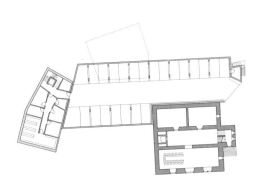

20 m

Casa Sasso Rotondo, Ronco
Vorprojekt 2006

Das Grundstück liegt an leicht erhöhter Lage über dem Lago Maggiore mitten in üppiger Vegetation. Es kann von der Strasse her nicht eingesehen werden und ist durch eine private Standseilbahn erschlossen. Die Hangneigung ist durch steinerne Stützmauern aufgefangen, die den Ort ebenso prägen wie die Panoramasicht. Das Projekt für ein Zweithaus an diesem privilegierten Ort arbeitet mit den bestehenden Elementen und fügt dem Ort eine reduzierte Massnahme hinzu, welche alle räumlichen Bedürfnisse erfüllt. Zwei mäandrierend ausgreifende, leicht gegeneinander verschobene Platten für Boden und Decke definieren den Raum und formulieren die Übergänge zu Vegetation und Topographie. Das Dach ist als Faltwerk konzipiert und liegt auf wenigen, raumhaltigen Wandschichten auf, die zusätzliche Nutzungen aufnehmen können. Der Raum ist begehbare Skulptur die einen Dialog zwischen neu und Bestand führt. Mehrschichtig konzipierte, bewegliche Membranen ermöglichen eine graduell wandelbare Beziehung zwischen innen und aussen.

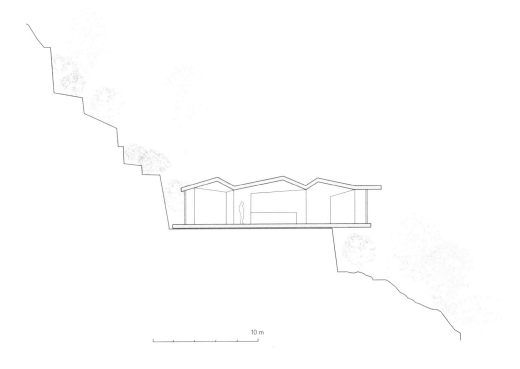

10 m

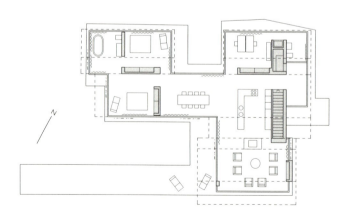

10 m

Umbau Wylandstrasse, Winterthur
2006–2007

Ursprünglich war die Liegenschaft an der Wylandstrasse das Gärtnerhaus im Park einer Sulzer-Villa. Vom damals grosszügig angelegten Park ist lediglich noch die Vegetation übrig geblieben. Das unmittelbare Umfeld hat sich zu einem kleinteiligen Einfamilienhausquartier gewandelt.

Die Liegenschaft wird von zwei Parteien genutzt. Der Eigentümer der Mansardenwohnung wünschte sich einen direkten Zugang von der Küche in seinen Garten hinter dem Haus. Ein vorhandener Geländesprung dient als Auflager für die direktest mögliche Verbindung in Form einer leichten Brücke aus glasfaserverstärktem Kunststoff. Diese wurde im Werk vorgefertigt und mit dem Kran vor Ort versetzt. Sie überspannt eine Distanz von sieben Metern. Das transluzente Material nimmt die unterschiedlichen Lichtstimmungen und das Schattenspiel der Bäume in sich auf und integriert sich dadurch in die Vegetation.

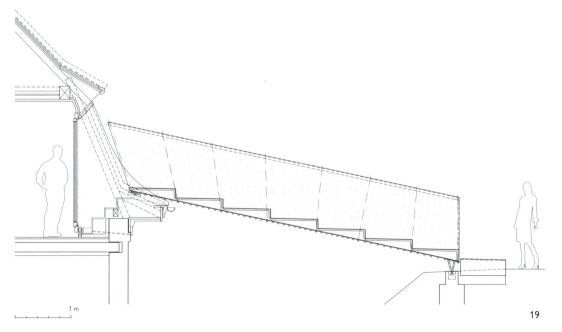

1 m

Umbau und Instandsetzung Schule Auhof, Zürich
2006–2008

Die Schulanlage Auhof liegt eingebettet im Grünzug, der von Aubrugg bis an den Marktplatz von Zürich-Schwamendingen reicht. Sie wurde 1958 zusammen mit dem gleichnamigen Freibad und dem Kindergarten durch den Architekten Ernst Gisel erstellt. Die Anlage umfasst zwei Klassentrakte, eine Turnhalle und einen Spezialraumtrakt, die um einen präzise gefassten Pausenhof gruppiert sind. Die charakteristische architektonische Handschrift von Ernst Gisel findet sich an allen Bauten der Anlage und verpflichtet sich dem Brutalismus, der Mitte des 20. Jahrhunderts als Gegenströmung zur Maschinenästhetik des Neuen Bauens entstand. Im Rahmen der Instandsetzungs- und Umbauarbeiten galt es, den vorhandenen Qualitäten Sorge zu tragen. Diese durch geeignete weitgehend «unsichtbare» Massnahmen für die heutigen Anforderungen zu rüsten und durch sorgfältig entwickelte Interventionen zu ergänzen. Markantester Eingriff sind die neu erstellten Gruppenräume in den Korridorzonen des Klassen- und Spezialraumtraktes. Die geometrische Formulierung und die Materialisierung in Glasbausteinen schaffen einen ideellen Bezug zur Körperlichkeit und Schlichtheit der Architektur Gisels.

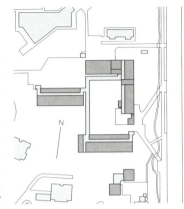

20 m

Maison de la Paix, Genf
Internationaler Wettbewerb 2008, 3. Rang

Vier Institute der UNO, die sich mit friedensfördernden Massnahmen befassen, sollen in einem Gebäude konzentriert werden. Prägender Bestandteil des Programms ist der *Espace Académique*, welcher rund einen Drittel der Nutzfläche umfasst. Die dreieckige Parzelle liegt am nördlichen Rand von Genf und markiert den Übergang vom siebengeschossig bebauten Stadtkörper zu den Parkanlagen des Botanischen Gartens und des Palais des Nations. Der deformierte Baukörper schöpft seine geometrische Kraft aus der schwierigen Grundstücksform und entzieht sich eindeutigen Zuordnungen. Zur Stadt hin nimmt er die ganze Breite des Grundstücks ein und formuliert eine einladende Geste. Zum Norden und der schmalsten Stelle hin erreicht der Baukörper seine maximale Höhe von sieben Geschossen und schafft dadurch eine präzise Zäsur zwischen Stadt und Park. Unter der Dachfläche ist der *Espace Académique* als künstliche Topographie konzipiert und zum sanft ansteigenden Raumkontinuum entwickelt. Ein Pfad führt an Patios und Seminarräumen vorbei und lässt spannungsvolle Ein- und Durchblicke entstehen. Die Tragstruktur ist als raumwirksames, selbstregulierendes System von Dreigelenkbogen konzipiert, das bezüglich Belichtung *des Espace Académique* ideale Verhältnisse schafft.

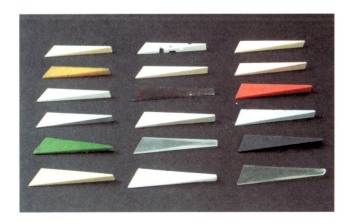

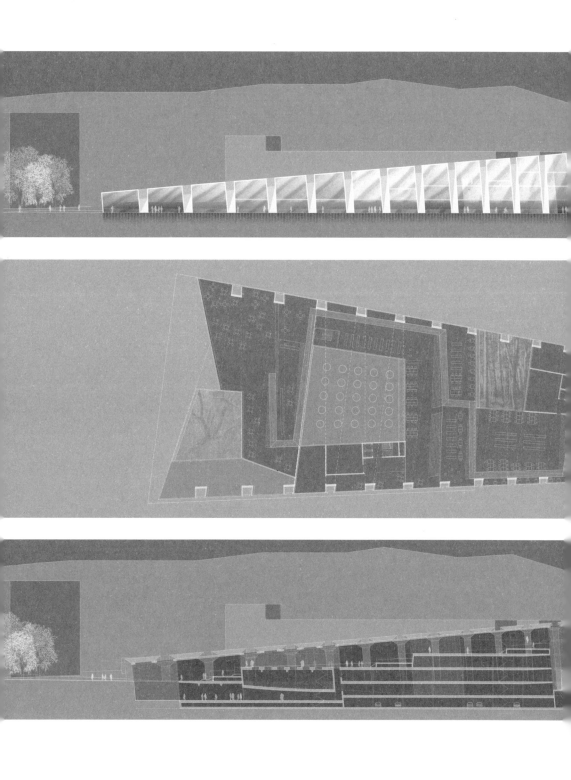

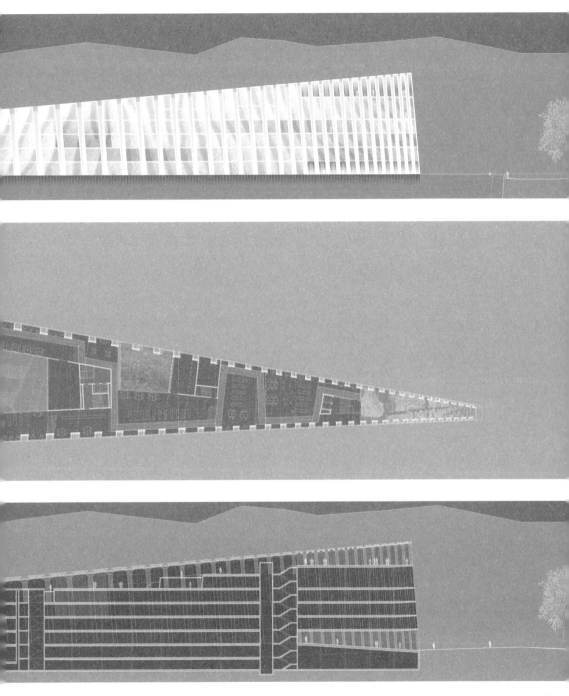

20 m

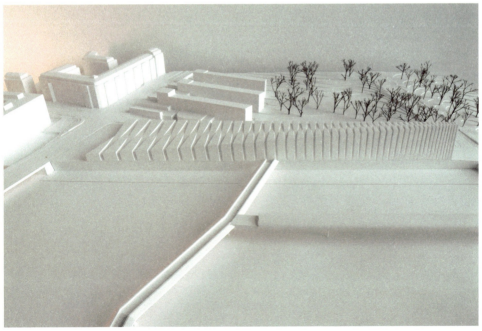

Neunutzung Hafen St. Johann, Basel
Wettbewerb 2007, 1. Rang; Vorprojekt Buvette 2009
mit Hager Landschaftsarchitektur, Zürich

Im Rahmen der geplanten Umnutzung des Hafens St. Johann in eine öffentliche Fussgängerpromenade ist ein gastronomisches Angebot gewünscht. Es ist ein Ort für Flanierende und Schwimmer, die sich hier erfrischen oder sonnenbaden können. Der «Bauplatz» ist nicht am Land, sondern draussen im Fluss. Die schwimmende Buvette liegt auf einem Hohlkörper aus Stahl, der für den nötigen Auftrieb sorgt, um das Objekt im Rhein schwimmen zu lassen. Dadurch passt es sich dem schwankenden Pegel an und profitiert immer von einem starken Bezug zum Wasser. Die räumliche Struktur ist als begehbare Skulptur konzipiert. Eine umlaufende, flach geneigte Rampe bindet die Buvette an die beiden Niveaus von Promenade und Berme an und lässt spannungsvolle Sichtbezüge entstehen. Eine V-förmige, raumhaltige Schicht enthält Nebenräume und zoniert den Innenraum in drei Bereiche. Durch die Ausformulierung der primären raumbildenden Elemente entstehen zahlreiche Möglichkeiten, das Objekt zu begehen.

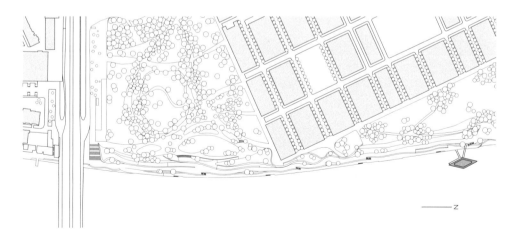

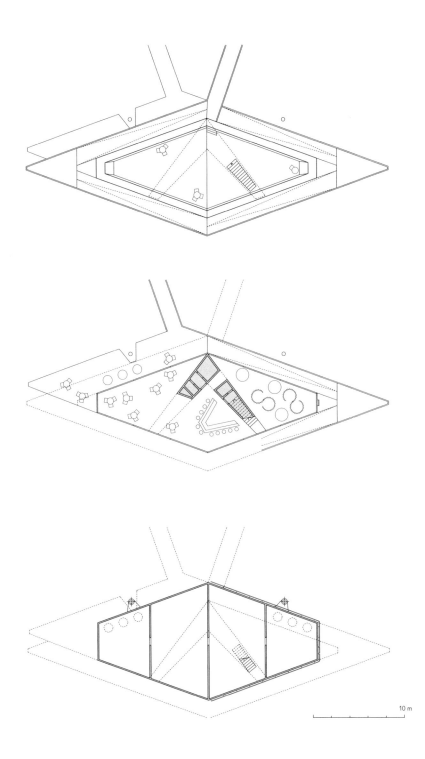

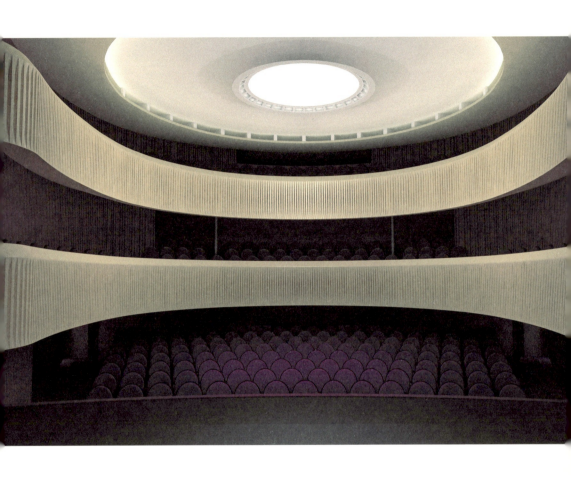

Stadttheater Solothurn
Wettbewerb 2009, 3. Rang

Das Theater ist Teil des öffentlichen Lebens einer Stadt. Das Theater spiegelt das gesellschaftliche Leben in der Stadt. Für das Projekt der Erneuerung des Stadttheaters Solothurn wurden situative Massnahmen entwickelt, die den Charme des kleinstädtischen Theaters erhalten oder gar stärken und die funktionalen Mängel beheben. Punktuelle Veränderungen an der Gebäudehülle schaffen Optionen und Synergien für einen erleichterten Theaterbetrieb und sorgen für gestärkte städtebauliche Präsenz in der Silhouette von Solothurn. Der Theatersaal wird durch einen neu konzipierten Einbau aus Brettstapelholz ersetzt und dadurch den heutigen technischen Anforderungen angepasst. Die Intimität und der Charme des Improvisierten bleiben erhalten. Durch die optimierte Geometrie können zusätzliche Sichtplätze generiert werden.

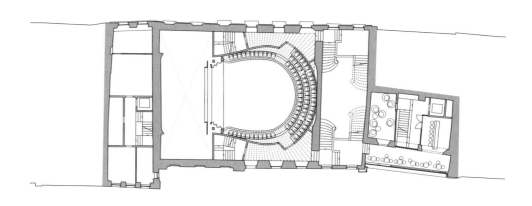

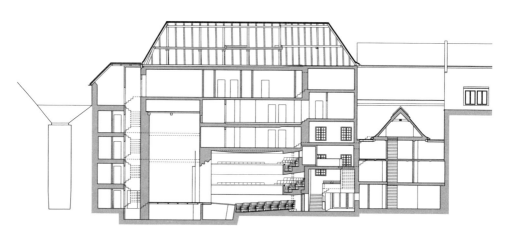

10 m

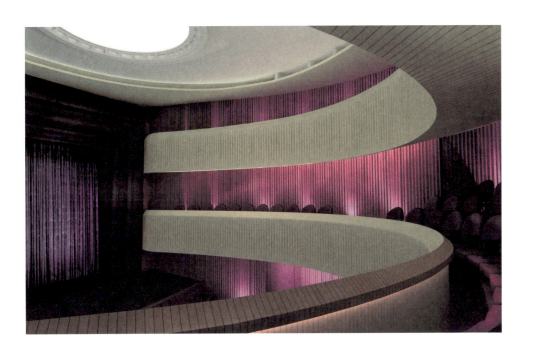
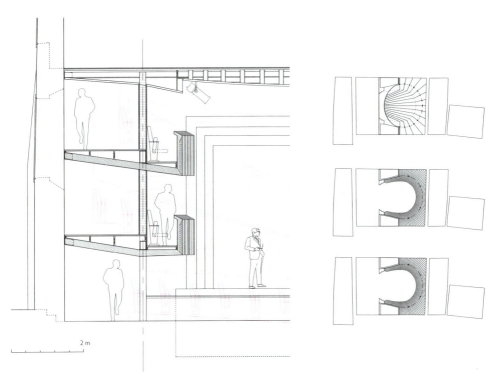

2 m

41

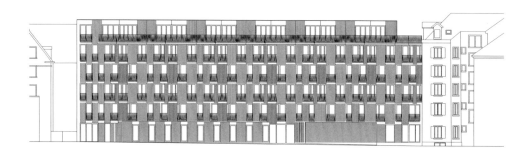
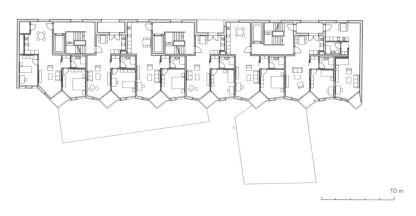

10 m

Alterswohnen Feldstrasse, Zürich
Wettbewerb 2007, 1. Rang; Realisierung geplant 2010–2011

Die Analyse der quartiertypischen Aspekte in Zürich-Aussersihl führt zu einer städtebaulichen Setzung mit unterschiedlichen Gesichtern zu Strassen- und Hofraum. Die geschlossene Strassenfassade nimmt die Trauflinien der angrenzenden Eckbauten auf und zeichnet eine bewegte Silhouette in den Stadtraum. Hofseitig ist die Fassade aufgelöst, vertikal gegliedert und nimmt dadurch die quartiertypische Kleinteiligkeit und Fragilität der Innenhöfe im Langstrassenquartier auf. Alle Wohnungen profitieren durch die zweiseitige Orientierung von vielfältigen Belichtungssituationen. Dadurch entsteht eine innenräumliche Reichhaltigkeit und Wohnqualität, die dem eingeschränkten Mobilitätsradius der Bewohnerschaft Rechnung trägt. Die BewohnerInnen können sowohl am öffentlichen Strassenraum wie am privaten Hofraum Anteil nehmen. Die Konzeption der Hoffassade aus Holzlamellen sowie die Aussenraumgestaltung des Hofes ermöglichen reichhaltige Aspekte für das Wohnen im Alter. Im Erdgeschoss werden die Büros der Stiftung Alterswohnen in den Hofanbauten ihren neuen Hauptsitz finden.

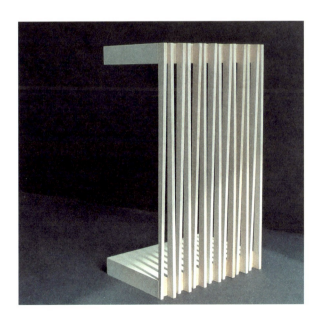

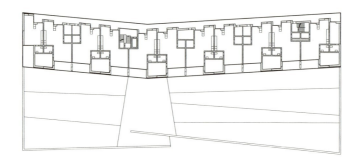

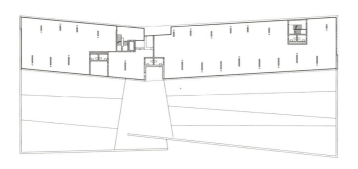
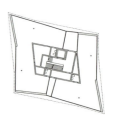

20 m

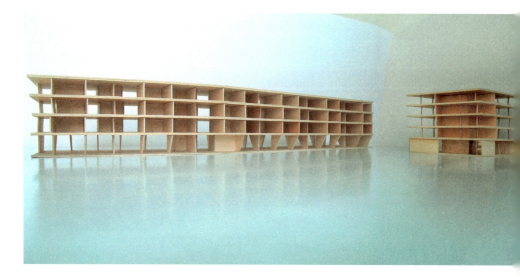

Gemeinschaftswohnen *Am Hof*, Köniz
Wettbewerb 2006, 1. Ankauf; Realisierung geplant 2010–2011
mit BEM Architekten, Baden

Das Areal beim Zentrum von Köniz liegt in verschiedener Hinsicht am Übergang. Zum einen am Übergang vom baulich dicht besiedelten Stadtkörper von Köniz über die offenere, gartenstadtähnliche Bebauung hinaus in die freier besiedelte Landschaft. Zum anderen am Übergang der beiden Talseiten wo sich, an der schmalsten Stelle des Talbodens, die Ausläufer des Gurtens und des Könizerbergs fast berühren. Die verschiedenen Ströme – der ehemals offene Bachverlauf, das Trassee der Regionalbahn sowie insbesondere die Strassenführung – schlängeln sich entlang den topographischen Begebenheiten und schaffen einen Ort von städtebaulicher Relevanz. Zwei Baukörper bespielen den Ort und formulieren einen gemeinsamen Aussenraum. Ein geknickter langgestreckter Bau nimmt die grossräumlich prägnanten Strassenfluchten auf. Er ist durch eine raumwirksame Struktur gegliedert, die sämtliche Zimmer und Nebenräume enthält und einen grosszügigen Wohnraum freispielt. Ein rhomboider Punktbau ist als Akzent auf dem Platz ausgebildet und formuliert den Übergang zum Zentrum von Köniz. Die Wohnungen sind windmühlenartig angeordnet, wodurch der Baukörper seine vertikale Präsenz entfalten kann. In den Erdgeschossen sind gemeinschaftliche Räume und Gewerbe vorgesehen.

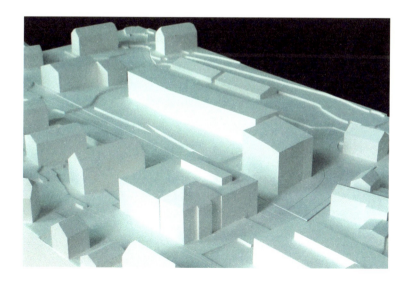

Werkverzeichnis
Auswahl Bauten, Projekte und Wettbewerbe

1996	1	Wettbewerb Ort der Besinnung, Autobahnraststätte Uri; engere Wahl
1999	2	Wettbewerb Erweiterung Kantonsschule Rychenberg & Im Lee, Winterthur; 4. Rang [A]
2000	3	Ideenskizze Sechseläutenplatz und Opernhaus, Zürich [A]
		Wettbewerb Alters- und Pflegeheim Albula, Alvaneu; Ankauf [B]
		Ideenwettbewerb Landesmuseum, Zürich [A]
2001		Studie Minimal House, Winterthur [A]
		Studie Balkonanbauten Glaubtenstrasse, Zürich [A]
2002		Studienauftrag Erneuerung Wohnsiedlung Heuried, Zürich [A]
		Wettbewerb Erweiterung Kantonsschule Freudenberg, Zürich [A]
2003	4	Wettbewerb Seminargebäude Universität St. Gallen; 3. Rang [A]
		Umbau und Erweiterung Haus Stüssi, Zollikon (nicht ausgeführt) [A]
2004		Credit Suisse am Flughafen Zürich; Studienauftrag 2003, 1. Rang [A]
		Umbau *Bazillus* Ad-Hoc Live Club, Zürich [A]
		Wettbewerb Zentrum Bassersdorf; 1. Rang [A]
2005		Städtebaulicher Ideenwettbewerb Areal CU West, Uetikon; 2. Stufe [A] [C]
		Städtebaulicher Ideenwettbewerb Schwefelbadplatz, Sargans; 2. Rang [A] [C]
		Wettbewerb Kernzone Opfikon; 4. Rang [A]
	5	Studienauftrag Westlink, Zürich-Altstetten
2006		Wiederaufbau Gemeinde Gondo; Wettbewerb 2001, 1. Rang [A]
	6	Umbau Schweizerische Nationalbank, Börsenstrasse 15, Zürich [A]
		Casa Sasso Rotondo, Ronco (nicht ausgeführt)
		Wettbewerb Erweiterung Kunstmuseum Bern

2006		Wettbewerb Areal Alte Migros, Köniz; 1. Ankauf [D]
	7	Internationaler Wettbewerb Hafen-City Universität, Hamburg
2007		Umbau Wylandstrasse, Winterthur
		Wettbewerb Neunutzung Hafen St. Johann, Basel; 1. Rang (mit Hager Landschaftsarchitektur)
		Wettbewerb Umbau Haus Bregger, Solothurn
		Machbarkeitsstudie VBZ Busgarage Hardau, Zürich
		Wettbewerb Neubau Alterswohnen SAW Feldstrasse, Zürich; 1. Rang
2008		Umbau und Instandsetzung Schule Auhof, Zürich; Planerwahl 2006, 1. Rang
		Städtebauliche Studie Zürich-Langstrasse
		Umbau Büro Seebahnstrasse, Zürich
		Internationaler Wettbewerb Maison de la Paix, Genève; 3. Rang
		Wettbewerb Parlement Etat de Vaud–Site de Perregaux, Lausanne
		Städtebauliche Studie Zürich-Central (für Amt für Städtebau Zürich)
2009		Städtebauliches Konzept Zentrum Bassersdorf
		Wettbewerb Erneuerung Stadttheater Solothurn; 3. Rang
		Wettbewerb Überbauung am Bahnhof Aarburg
		Wettbewerb Heilpädagogische Schule Lyss
	8	Studienauftrag Uferzone Hirsgarten, Cham (mit Balliana Schubert Landschaftsarchitekten)
2010		Wettbewerb Universitätsbibliothek Fribourg; 8. Rang

5

6

7

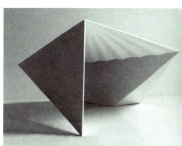

8

[A] Zusammenarbeit mit Jürg Schmid, Zürich
[B] Claudia Burri & Patrik Linggi, Zürich
[C] Zusammenarbeit mit Rafael Ruprecht, Zürich
[D] Zusammenarbeit mit BEM Architekten, Baden

Richard Durrer

1971	geboren in Zürich
1987–1991	Hochbauzeichnerlehre
1994	Architekturdiplom FH Winterthur
1995–1999	Mitarbeit bei Ernst Gisel, Zürich
1999–2001	Mitarbeit bei Dachtler Partner, Zürich
2001–2005	gemeinsames Büro mit Patrik Linggi & Jürg Schmid
seit 2005	gemeinsames Büro mit Patrik Linggi

Patrik Linggi

1970	geboren in Zürich
1986–1990	Hochbauzeichnerlehre
1994	Architekturdiplom FH Winterthur
1995–1996	Mitarbeit bei Nino Castellan, Zürich
1996–2000	Mitarbeit bei Herzog & de Meuron, London/Basel
2000–2001	Mitarbeit bei Gerold Loewensberg, Zürich
2001–2005	gemeinsames Büro mit Richard Durrer & Jürg Schmid
seit 2005	gemeinsames Büro mit Richard Durrer
2007–2009	Masterstudium ETH Zürich
2008–2009	Gastprofessur Universität Karlsruhe

Mitarbeitende (2001–2009)

Laura Aparicio Alvarez, Miriam Blinde, Frank-Olivier Cottier, Björn Diehl, Daniela Dolansky, Björn Eichenberg, Nadine Fengler, Mariana Francisco Moreira, Daniela Haegi, Corinne Hufschmid, Ann-Sophie Jarvis, Marlène Oberli, Constanze Peinelt, Katrin Pfäffli, Jeannine Quellmalz, Rafael Ruprecht, Jürg Schmid, Milena Sobanski, Caroline Stieghorst, Marina Tüscher, Evelin Wagler, Irene Winkler, Huibiao Wu, Raphael Ziltener

Bibliographie

2001	Wettbewerb Wiederaufbau Dorfkern Gondo VS. In: Tec21 Nr. 33–34, Zürich
2003	Das Potenzial eines Ortes. Wettbewerb Universität St. Gallen. In: Werk, Bauen + Wohnen Nr. 12
2004	Wettbewerb Zentrum Bassersdorf. In: Tec21 Nr. 39, Zürich
	In Gondo vernarben die Unwetterwunden. In: Neue Zürcher Zeitung vom 15. Oktober, Zürich
2005	Wettbewerb Kernzone Opfikon. In: Tec21 Nr. 18, Zürich
	Wiederaufbau in Gondo. In: Tec21 Nr. 44, Zürich
2006	Mit dem Rücken zur Wand. Wiederaufbau Gondo. In: Hochparterre Nr. 10, Zürich
	Bau der Woche 46/2006. Wiederaufbau Gondo. In: swiss-architects.com
	Gewinn der Mitte. Wiederaufbau Gondo. In: Bauwelt Nr. 47, Berlin
2007	Wettbewerb Areal Alte Migros Köniz. In: Tec21 Nr. 1–2, Zürich
	Wettbewerb Rheinuferpromenade St. Johann Basel. In: Tec21 Nr. 19, Zürich
	Stockalperturm Gondo. In: Concrete Creations. Verlagshaus Braun, Berlin
	Stockalperturm Gondo. In: Sichtbeton. München: DVA Verlag
	Rébellione alpine. Wiederaufbau Gondo. In: Tendance Déco, Rennes VD
2008	Den Pfistergeist wieder belebt. Umbau Nationalbank Zürich. In: Hochparterre Nr. 6–7, Zürich
	Geschichte weiterbauen. Umbau Wylandstrasse. In: Umbauen + Renovieren Nr. 9–10, Zürich
	Stockalperturm Gondo. In: Die schönsten Hotels der Schweiz. Hotelführer Zürich: Schweizer Heimatschutz
2009	Wettbewerb Maison de la Paix. In: Tec21 Nr. 11, Zürich
	Wettbewerb Maison de la Paix. In: Hochparterre Wettbewerbe Nr. 2, Zürich

Verschiedenes

2000	Gastkritik FH Rapperswil (Richard Durrer, Patrik Linggi)
2007	Vortrag SIA Tagung, Entwurfskonzepte und Naturgefahren – Fallbeispiel Gondo (Patrik Linggi)
	Jurierung International Design Competition ESO Headquarter Extension Munich (Patrik Linggi)
2008	Theoretischer Essay: «Umgang mit Geschichte – Kolumba Köln» (Patrik Linggi)
	Vortrag Werkbericht Universität Karlsruhe «Architektur zwischen Kopf und Bauch» (Patrik Linggi)
2009	Jurierung Studienauftrag Zentrumsbebauung Bassersdorf (Patrik Linggi)

Projektinformationen

Credit Suisse am Flughafen Zürich
Zusammenarbeit mit Jürg Schmid; Bauherrschaft: Credit Suisse; Projektteam: Björn Eichenberg, Nadine Fengler, Corinne Hufschmid, Constanze Peinelt; Baumanagement: GMS Partner AG

Wiederaufbau Gondo
Zusammenarbeit mit Jürg Schmid; Bauherrschaft: Gemeinde Gondo, Stiftung Stockalperturm; Projektteam: Daniela Dolansky, Björn Eichenberg, Nadine Fengler, Corinne Hufschmid, Mariana Francisco Moreira, Constanze Peinelt, Jeannine Quellmalz, Marina Tüscher; Landschaftarchitektur: Martin Klauser, Natal Imahorn; Bauleitung: ar-architekten GmbH, Ritz Hans Architektur, Matthias Werlen Architekt (Ausführung Stockalperturm); Bauingenieure: Schmidhalter & Pfammatter AG, VWI Ingenieure AG

Umbau Wylandstrasse, Winterthur
Bauherrschaft: Hanspeter Boller; Projektteam: Björn Eichenberg; Bauleitung: Richard Durrer; Bauingenieur: ACS Partner AG; Kunststoffbrücke: Knöpfel Kunststoffe AG

Umbau und Instandsetzung Schule Auhof, Zürich
Bauherrschaft: Stadt Zürich, Amt für Hochbauten; Projektteam: Björn Eichenberg, Daniela Haegi, Ann-Sophie Jarvis, Caroline Stieghorst; Bauleitung: Bühler & Oettli Baumanagement AG; Bauingenieur: DSP Ingenieure & Planer AG; Fotos: Andrea Helbling, Zürich

Neunutzung Hafen St. Johann, Basel
Zusammenarbeit mit Hager Landschaftsarchitektur AG; Bauherrschaft: Kanton Basel Stadt; Projektteam: Björn Eichenberg, Ann-Sophie Jarvis, Katrin Pfäffli, Irene Winkler, Huibiao Wu; Wasserbauingenieur: Staubli & Kurath Partner AG; Bauingenieur: Roggensinger AG; Energiekonzept: 3-Plan Haustechnik AG

Alterswohnen Feldstrasse, Zürich
Bauherrschaft: Stiftung Alterswohnungen der Stadt Zürich; Projektteam: Laura Aparicio Alvarez, Björn Eichenberg, Daniela Haegi, Ann-Sophie Jarvis, Katrin Pfäffli, Milena Sobanski, Caroline Stieghorst, Irene Winkler, Raphael Ziltener; Baumanagement: Perolini Baumanagement AG; Landschaftsarchitektur: Andrea Fahrländer Dia Landschaftsarchitektur; Bauingenieur: ACS Partner AG

Gemeinschaftswohnen Am Hof, Köniz
Zusammenarbeit mit BEM Architekten AG; Bauherrschaft: Gebäudeversicherung Bern; Projektteam: Laura Aparicio Alvarez, Frank-Olivier Cottier, Björn Diehl, Björn Eichenberg, Ann-Sophie Jarvis, Marlène Oberli, Raphael Ziltener; Totalunternehmer: Losinger Construction SA; Landschaftsarchitektur: Hager Landschaftsarchitektur AG; Bauingenieur: Emch + Berger AG

Finanzielle und ideelle Unterstützung

Ein besonderer Dank gilt den Institutionen und Sponsorfirmen, deren finanzielle Unterstützungen wesentlich zum Entstehen dieser Publikation beitragen. Ihr kulturelles Engagement ermöglicht ein fruchtbares Zusammenwirken von Baukultur, öffentlicher Hand, privater Förderung und Bauwirtschaft.

ACS Partner AG, Zürich
Dipl. Bauingenieure

BRC Bauprozess Realisation
Controlling, Zürich

Bühler & Oettli AG, Zürich
Baumanagement und Baurealisierung

Emch + Berger AG, Bern
Gesamtplanung Hochbau

Eternit AG, Niederurnen

Flückiger + Bosshard AG, Zürich
Dipl. Ingenieure ETH/SIA/USIC

Gentsch AG, Schaffhausen
Total Türen

GMS Partner AG, Zürich
Projektmanagement/Bauleitung

Losinger Construction AG, Köniz bei Bern
General- und Totalunternehmung

Perolini Baumanagement AG, Zürich;
Bauherrenberatung, Bauleitung,
Gesamtleitung

Sautercopy AG, Zürich
Copy, Plot, Print

Glas Trösch AG, Bützberg

Zumtobel Staff AG, Zürich

Arbos AG, Dinhard – Schreinerei, Zimmerei, Dämmtechnik; BWS Bauphysik AG, Winterthur; gkp Fassadentechnik AG, Aadorf; Pirmin Jung – Ingenieure für Holzbau AG, Rain; Schröckel AG, Winterthur – Malergeschäft; Stekon AG, Eschenbach – Ideen Schreinerei/Sicherheitstechnik

Quart Verlag Luzern

Anthologie – Werkberichte junger Architekten
16 Durrer Linggi (dt; extra sheet with English translation)
15 Allemann Bauer Eigenmann (dt; extra sheet with English translation)
14 Baserga Mozzetti (dt; extra sheet with English and Italian translation)
13 OOS (dt; extra sheet with English translation)
12 UNDEND (dt; extra sheet with English translation)
11 Corinna Menn (dt; extra sheet with English translation)
10 Michael Meier und Marius Hug (dt; extra sheet with English translation)
9 BDE Architekten (dt; extra sheet with English translation)
8 weberbrunner (dt; extra sheet with English translation)
7 huggenberger fries (dt; extra sheet with English translation)
6 Müller Sigrist (dt)
5 Beda Dillier (dt)
4 Bünzli & Courvoisier (dt; extra sheet with English translation)
3 Peter Kunz (dt; extra sheet with English and Italian translation)
2 Buchner Bründler (dt; extra sheet with English translation)
1 Niklaus Graber & Christoph Steiger (dt; extra sheet with English translation)

De aedibus – Zeitgenössische Architekten und ihre Bauten
36 Schneider & Schneider (dt/e)
35 Frei & Ehrensperger (dt und e)
34 Liechti Graf Zumsteg (dt/e)
33 Adrian Streich (dt/e)
32 Daniele Marques (dt/e)
31 Neff Neumann (dt/e)
30 Giraudi Wettstein (dt/e)
29 Steinmann & Schmid (dt/e)
28 Matthias Ackermann (dt/e)
27 Aeby & Perneger (dt/e)
26 Bakker & Blanc (dt/e)
25 Markus Wespi Jérôme de Meuron (dt/e)
24 Bauart (dt/e und dt/f)
23 Knapkiewicz & Fickert (dt/e)
22 Marcel Ferrier (dt/e)
21 Wild Bär Architekten (dt/e)
20 Enzmann + Fischer (dt/e)
19 Mierta und Kurt Lazzarini (dt/e)
18 Rolf Mühlethaler (dt/e)
17 Pablo Horváth (dt/e)
16 Brauen + Wälchli (dt/e)
15 E2A Eckert Eckert Architekten (dt/e)
14 Lussi + Halter (dt/e)
13 Philipp Brühwiler (dt/e)
12 Scheitlin – Syfrig + Partner (dt/e)
11 Vittorio Magnago Lampugnani (dt/e)
10 Bonnard Woeffray (dt/e und dt/f)
9 Graber Pulver (dt/e)
8 Burkhalter Sumi/Makiol Wiederkehr (dt/e)
7 Gigon/Guyer (dt und e)
6 Andrea Bassi (dt, f und e)
5 Dieter Jüngling und Andreas Hagmann (dt und e)
4 Beat Consoni (dt und e)
3 Max Bosshard & Christoph Luchsinger (dt)
2 Miroslav Šik (dt, e und i)
1 Valentin Bearth & Andrea Deplazes (dt, e und i)

Quart Verlag GmbH, Heinz Wirz CH-6006 Luzern
E-Mail books@quart.ch, www.quart.ch